A. SAUVADE

En

Descendant

la

Côte

Prix : 5 fr.

Henri BOUCHÉ
Imprimeur
MONTLUÇON
—
1928

AVANT-PROPOS

———

*Au cours de mon voyage terrestre —
qui vraisemblablement touche à sa fin —
il m'est arrivé de laisser tomber quelques
fleurettes le long du chemin.*

*Au soir de ma vie, en descendant la
côte, j'ai eu la pensée de les recueillir pour
en composer un bouquet, qui n'aura sans
doute de parfum que pour moi... Je sais
bien que l'on a dit :*

« Habent sua fata libelli »

*Le sort de celui-ci sera ce qu'il sera ;
si j'escomptais un succès, ce serait sans
doute une dernière illusion dans un âge
qui n'en comporte plus guère...*

A Dieu-va !

Evaux-les-Bains, 1er Mars 1928.

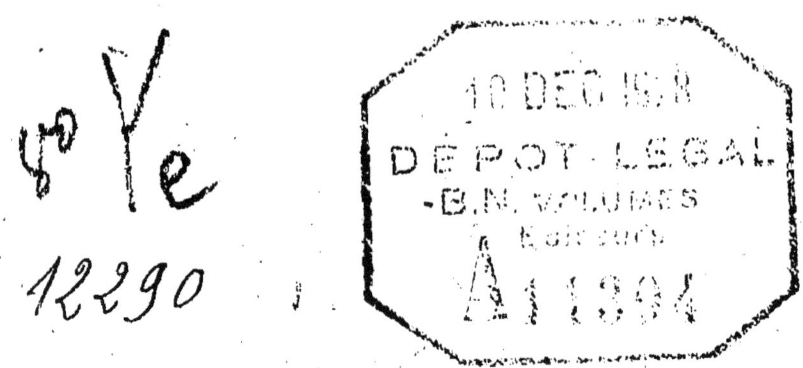

A Mgr de Dreux-Brézé
pour ses Noces d'Or

Comme, autour du berger, le troupeau se rassemble,
Ainsi viendront, bientôt, en un commun transport,
Vos prêtres dévoués, qui désirent, ensemble,
    Fêter vos noces d'or.

Et moi, dans ce concert de la reconnaissance,
Je viens, humble sujet, mêler aussi ma voix,
Heureux si Sa Grandeur donne quelque importance
    Aux vœux que je lui dois !

Dans l'hymne universel, qui s'élève du monde,
L'insecte n'a-t-il pas son petit cri joyeux
Comme l'oiseau son chant, ou l'océan qui gronde
    Ses flots impétueux ?

Après les noces d'or, des noces plus lointaines
Qu'on dit *de diamant* : ce sont là, Monseigneur,
Les vœux qui, dans ce jour, vont de lèvres humaines
    Au trône du Seigneur

Ah ! que je puisse alors célébrer cette fête
Non plus, comme aujourd'hui, seulement par des mots
Où la pensée humaine est captive et s'arrête,
       Comme en d'étroits cachots.

Mais, consommant pour vous le divin Sacrifice,
Elever à l'autel, de mes tremblantes mains,
Celui qui s'est fait homme et a bu le calice
       Pour sauver les humains.

5 Avril 1884.

Envoi de lièvre et perdrix
Gare la Madeleine

Moulins ! la Madeleine !
Criait le conducteur
Et, sans aucune peine,
Du gîte protecteur
Où les ont mis naguère
Des agents empressés,
D'autres agents, par terre,
Les ont déjà placés.

Ils songent, dans leur bière,
Les pauvres transportés,
Que c'est une misère,
Qu'ils soient ainsi traités

Eux qui, dans les espaces,
Hier encore volaient,
Sans laisser nulles traces,
Si légers ils étaient !

Lui, le coureur agile,
Dans la bruyère en fleurs,
Dans la plaine fertile,
Ou les bois des hauteurs !
Elles, faites de grâce,
De charme, de beauté,
Se grisant, dans l'espace,
D'air et de liberté...

Une arme meurtrière
Hélas ! ô jour de deuil,
Les a couchés par terre,
Et voilà leur cercueil !
Mais ce qui les console,
C'est qu'un nimbe odorant,
Dedans la casserole,
Montera triomphant,
Elevant jusqu'aux cimes
Ce tragique trépas...

C'est pourquoi les victimes
Ne récriminent pas ;
Elles désirent même
Que je dise au chasseur
Tout le plaisir extrême
Que leur fait cet honneur...

24 Octobre 1902.

A M. le Curé de Gipcy

pour un dîner d'adieux

Pour un dîner d'adieux, qu'à mon regret sincère,
    Je ne puis accepter,
Vous avez eu l'idée, ô cher et bon confrère,
    De tous nous inviter

Après un long labeur — le pourquoi je l'ignore —
    Vous songez au repos,
Quand chacun espérait vous conserver encore
    Vous voyant si dispos.

Vous avez décidé ; ma plainte serait vaine,
    Pourquoi récriminer ?
Nous n'avons, cher pasteur, qu'à taire notre peine,
    Et à nous incliner,

Mais non sans toutefois vous donner l'assurance
    Que vous emporterez,
Avec les vœux de tous et la reconnaissance,
    D'unanimes regrets :

Les vœux reconnaissants, je dis bien, cher confrère,
    Et les regrets aussi
De ceux dont, avant tout, l'âme vous fut si chère,
    Paroissiens de Gipcy ;

Les vœux et les regrets, l'estime la meilleure
    De nous, jeunes et vieux,
Qui voulons, sans manquer, vous le dire à cette heure
    Si triste des adieux...

Vous avez travaillé, Dieu sait avec quel zèle,
    La vigne du Seigneur,
Sans que jamais fût las votre labeur fidèle,
    Ni lasse votre ardeur,

Sans trêve, obscurément, sans rechercher la gloire,
    Et durant cinquante ans,
Mais je la vois qui vient — ce n'est point illusoire —
    Ceindre vos cheveux blancs.

Une voix a parlé, voix que chacun révère,
    Son appel triomphal
Va vous placer tout près, ô vénéré confrère,
    Du trône épiscopal.

5 Mars 1903.

A une Bienfaitrice
pour sa fête onomastique

O saint Patron, comblez-la de largesses !
De son chemin écartez les tristesses,
Les noirs ennuis, les chagrins et les pleurs
Et, sous ses pas, daignez semer des fleurs.

Elle est si bonne, oh ! qu'elle soit heureuse !
Le front serein et l'âme radieuse,
Que tout sourie à ses désirs naissants
Comme la terre aux printemps renaissants !...

Que je la voie aimable et gaie et fière,
D'un pas égal marcher dans la lumière
Comme une reine au port majestueux,
Qui toujours rit et chante en ses yeux bleus.

A pleines mains donnez comme elle donne,
Qu'aucun fleuron ne manque à sa couronne,
Qu'elle rayonne et brille, ô Saint-Clément,
Comme une étoile en l'obscur firmament !

Loin de ses jours les douleurs et les larmes,
Loin de ses nuits les terreurs, les alarmes !
Et que, sur terre, et qu'au ciel, de bonheur
Elle ait sa part : c'est le vœu de mon cœur.

Pour une 1re Communion

O la pieuse extase ! ô les enivrements
De ce jour où l'on croit, l'on espère et l'on aime !
Jour heureux où l'on sent passer des anges blancs,
Ange soi-même !...

A une Autre :

Papa, maman, famille,
Aussi chaque invité
S'unit, petite fille,
Pour porter ta santé.

Jeanne, ma toute blanche,
En ce jour radieux
Chacun vers toi se penche,
Vers toi vont tous les yeux.

C'est toi la souveraine,
Que l'on est venu voir ;
Toujours, petite reine,
Reste comme ce soir !

Blanche, pure, innocente,
Avec, au fond des yeux,
Lueur phosphorescente,
Un pur reflet des cieux,

Et tu verras les Anges
Toujours sur ton chemin
Dérouler leurs phalanges,
Et te tendre la main...

Et ta sainte Patronne,
La Pucelle au grand cœur
Sourira sur son trône,
En te nommant sa sœur.

Papa, maman, famille,
Aussi chaque invité
S'unit, ô ma gentille,
Pour porter ta santé.

Mai 1913.

Une Autre :

L'aube enfin s'est levée
Que depuis si longtemps
Vous aviez tant rêvée,
Guy, René, chers enfants.

Le Maître vous réclame !
Voyez-les tous les deux ;
La joie est dans leur âme,
Le ciel rit en leurs yeux.

C'est fête eucharistique ;
Ils s'en vont, à pas lents,
Vers le banquet mystique,
Pareils à des lys blancs...

Oubliant nos misères,
L'âme et les sens ravis,
Ils ont quitté nos sphères
Pour être au paradis...

Ils sont avec les Anges
Dans les jardins du Ciel
Semés de fleurs étranges,
Contemplant l'Eternel...

Mais l'extase finie,
Demain vous reprendrez
Contact avec la vie,
Et vous vous souviendrez

De cette heure, j'espère,
Chers enfants, et qu'il faut
Toujours, sur cette terre,
Garder vos cœurs en haut.

Pour un Baptême :

Entre tous les jours ce jour brille,
— N'était-il pas bien attendu ? —
C'est qu'en cette heureuse famille
Un nouvel ange est descendu. —

En voulant que tu naisses d'elle,
En te plaçant à ce foyer,
Dieu t'a fait la part vraiment belle,
Va ! l'on saura bien t'y choyer.

Dans ton berceau tu peux sourire,
Petit ange, blond chérubin,
Ce qui risquerait de te nuire
On l'écartera du chemin.

Tu ne sais pas que cette vie
A plus de ronces que de fleurs,
Et que, pour tous, elle est remplie
De moins de joies que de douleurs...

Mais que de délicates choses
Dieu mit dans le cœur des mamans
Expertes à placer des roses
Sur les buissons les plus méchants. !

Puis, si tu ressens quelque peine,
Si le chagrin vient t'attrister,
Va, cours à parrain, à marraine
Qui sauront bien les écarter.

Ton âme si blanche et si pure
Ne sera pas plus en oubli,
Car tes parents, je te l'assure,
Veilleront sur ton petit lit

Afin que, sur tes blanches ailes,
Rien ne vienne choquer les yeux.
Les fleurs qu'ils préfèrent sont celles
Qui s'épanouissent aux cieux.

Et maintenant, que Dieu te prête
Un heureux et long avenir !
Ce sont là les vœux du poète.
Petit ange, tu peux dormir.

Epithalame

L'heure n'est pas très loin, ma chère et jeune amie,
Où, devant l'autel saint, vous étiez à genoux,
Prononçant, d'une voix plus ou moins raffermie,
Le Oui qui vous engage et vous donne un époux.

Vous m'avez invité, je veux payer ma dette,
Et, à l'heure des toasts, me levant simplement,
Devant parents, amis, présents à cette fête,
Tout confus, vous offrir mon humble compliment.

Tous mes vœux les meilleurs, mes vœux et mes prières
Pour que Dieu, dans le ciel, exauçant vos désirs,
Vous fasse vie heureuse, et jours et ans prospères,
Exempts des noirs chagrins, des larmes, des soupirs...

Mais que si, malgré tout, vous aviez des tristesses,
Ne sera-t-il pas là, compagnon du chemin,
Celui qui saura bien vous combler de tendresses,
Son bras vous soutenant, sa main dans votre main ?

L'heure est sombre, il est vrai, le devoir est austère,
Au niveau héroïque il faut hausser nos cœurs,
Et ne pas douter que, de cette horrible guerre,
Petits soldats français, vous reviendrez, vainqueurs....

Hélas ! aux fêtes qui, ce jour, nous réunissent,
Je ne puis oublier qu'il y a des absents ;
Mais ils sont près de vous, d'en haut ils vous bénissent,
Leurs âmes, j'en suis sûr, vous frôlent, je le sens...

Un mot pour terminer : c'est de toute mon âme
Que j'ai prié le ciel de bénir vos amours,
Adieu, Mademoiselle, et salut à Madame !
Oui, Madame aujourd'hui, Madame pour toujours.

19 Mai 1917.

Neige et Neige

En flocons larges et blancs,
Sur nos toits et sur nos champs,
Quand elle tombe et tournoie,
La neige fait notre joie.

Mais que l'homme est insconstant !
Son plaisir dure un instant.
De ces blancheurs il se lasse ;
Son beau feu se change en glace,

Et il n'a plus qu'un espoir,
C'est de vitement revoir
Le visage de la terre,
Sa bonne et féconde mère...

Bien qu'il soit clair, qu'il soit chaud,
Son foyer n'est qu'un cachot...
Dans une lourde atmosphère
Notre âme s'y désespère,

Rêvant de belles saisons
Et de riants horizons,
Avec des fleurs et des ailes,
Du soleil plein les prunelles...

Mais à quoi bon maugréer ?
Et la bile s'échauffer ?
Le beau temps après la pluie !
Et après la neige enfuie,

Les buissons, les arbres verts...
Après les âpres hivers,
Etant renversés les rôles,
L'autre neige... des corolles.

La Chandeleur (Temps de Guerre)

Moins ingrat que les humains
Nous privant de combustible,
Le soleil, à pleines mains,
De ses chauds rayons nous crible...

Notamment la Chandeleur,
Qui, pour égayer la terre,
Verse à la fois la chaleur
Et l'éclat de sa lumière.

Le printemps vient, on le sent,
Et l'hiver, vieillard morose,
Ne monte plus, il descend
A l'horizon déjà rose..

D'un pas tremblant, d'un pas lourd,
Il descend des froides cîmes,
Les yeux éteints, le doigt gourd
Vers les éternels abimes,

Tandis que, dans le ciel bleu,
Monte, en chantant, l'alouette,
Et que, pour un hymne à Dieu,
La nature entière est prête.

Adresse au Parlement

Par la voix de la Presse,
Nous venons, les ruraux,
Déposer cette adresse
Aux Etats Généraux :

Représentants de France,
Sénateurs, députés,
Oyez notre souffrance,
Sauvez nos libertés !

Liberté de l'Eglise,
Et de l'Ecole aussi.
Tout Français, à sa guise,
Doit vivre, et sans souci,

Vivre comme l'on pense,
Pratiquer ce qu'on croit,
Liberté — non licence —
Et à chacun son droit.

Nous voyons avec peine
Du mal monter le flot.
Plus d'amour ! mais la haine
Qui le chasse au galop.

L'un de vous, triste hère,
L'âme pleine de fiel,
Eteignit la lumière
Qui nous montrait le ciel ;

L'autre n'avait de trêve
Qu'il n'eût intercepté
Le chant qui, tel un rêve,
Berçait l'humanité...

Résultat : la discorde
Partout règne entre nous,
Et le crime déborde
Comme un fleuve en courroux...

Nos petits, c'est l'Ecole,
Qui les corrompt en bloc ;
De force, on les immole
A ce nouveau Moloch...

De vos lois détestables
Nous sommes harassés ;
Faites les équitables,
Nous en avons assez !

La colère en notre âme
S'amasse sourdement ;
D'en attiser la flamme,
Prends garde, Parlement !

Tu flétriras le vice
Prôneras la vertu,
Ou gare ! au jour propice,
Chassé comme un fétu !.

Epitaphes

De mon père, cimetière de Vieure

A ses derniers moments — grâce insigne —
Deux prêtres, ses fils, l'ont assisté.
Seigneur, puisse son âme être digne
     De l'éternelle félicité !

7 juin 1910

De ma mère

Tu le suivis, sept mois après,
Laissant, ô bonne et sainte mère,
Des cœurs brisés par les regrets...
Repose en paix dans la lumière !

4 janvier 1911

D'un curé

    Ci-gît de tous pleuré
     Notre si bon curé ;
Sous cette froide terre on a placé ses restes,
Mais son âme est partie aux régions célestes...

A mon Frère

Sur les monts et les plaines
Le sol est recouvert,
Depuis longues semaines,
Du blanc manteau d'hiver,

Et la bise, avec rage,
Soufflant sur les humains
Vous les mord au visage,
Au visage et aux mains.

Est-ce ainsi, mon cher frère,
Dans ton pays Vieurois ?
Chez nous, c'est l'ordinaire
Depuis tantôt un mois.

Notre regard se lasse
A voir sur les hauteurs,
Et partout, dans l'espace,
Toujours mêmes blancheurs.

Les oiseaux crient famine
Jusques à notre seuil.
On dirait, à leur mine,
Qu'ils ont la larme à l'œil.

Affamés par les neiges,
Pauvres petits oiseaux,
Vous tombez dans les pièges,
Qui seront vos tombeaux...

Pour si grande misère,
De pitié le cœur plein,
Dans ma chaude volière
Je leur donne du grain...

Aussi bien, Dieu, je pense,
Me récompensera,
Car il est Providence,
Et nul bien n'oubliera.

Autre Epître au Même :

Ce soir, au coin du feu,
Ma Muse se réveille,
Me taquinant un peu
Avant que je sommeille.

Il faut bien lui céder,
Exigeante maîtresse,
Et là, sans plus tarder,
Secouer sa paresse...

Comment vas-tu, frérot ?
Jusque-là point de bise,
Ni trop froid, ni trop chaud,
Température exquise.

Ton poumon va-t-il bien ?
Ton cœur est-il en place ?
L'un ne ressent-il rien ?
L'autre n'est pas de glace ?

Non ! tout est pour le mieux,
Du moins, j'aime à le croire,
Et qu'au surplus, mon vieux,
Tu peux manger et boire,

Dormir suffisamment,
Et digérer sans peine,
Sans aucun lavement
Ou drogue souveraine.

Ces deux chers animaux,
Albanère et *Unique*,
N'ont-ils point de leurs maux
Le plus grand, la colique ?

Moi, je vais à ravir.
Mon humeur est égale ;
Je ne puis assouvir
Ma faim — c'est la fringale —

Ma soif : j'ai du nectar,
Et j'en emplis mon verre
Coup sur coup, sans retard,
Comme un trou... un trouvère...

Mais, mon feu qui s'éteint !
Il faut clore la page,
Et à demain matin
Remettre mon ouvrage.

Peut-être vaut-il mieux
Terminer tout de suite,
Car je sens et mes yeux
Et mon esprit en fuite...

Donc, mon frère, au revoir !
Ma meilleure tendresse,
C'est tout ce que, ce soir,
Par ces vers je t'adresse.

Le reste importe peu,
C'est pure fantaisie
Que tu peux mettre au feu,
Au feu la poésie !

Au Même pour St-Jean-Baptiste :

Avec votre agrément,
Quand le repas s'achève,
Souffrez que je me lève
Pour un bref compliment.

Messieurs du doyenné,
Si j'ose, en cette fête,
Etre votre interprète,
Vous m'avez pardonné,

Estimant, qu'un tel jour
Le devoir d'un bon frère
Ce n'est pas de se taire,
Mais parler, c'est son tour.

Donc, j'en ai dit assez !
A Monsieur de Chantelle
Par ma voix fraternelle
Tous nos vœux empressés.

De bonheur, de santé,
De fécond ministère
En cette grasse terre,
Et riante cité...

Enfin, que de son mieux
Notre S. Jean Baptiste
Le protège et l'assiste
Toujours du haut des cieux !

La Mort de Fanfreluch

Petit coq châtié pour ses habitudes de pillage

à mes neveux

Vous ayant embrassés tous trois, comme il convient,
Je veux, en quelques mots, vous retracer l'histoire
De notre Fanfreluch, dont certes il vous souvient
Pour l'avoir vu trôner dans l'éclat de sa gloire.
Vous ne le verrez plus, et vous plaindrez son sort
Quand je vous aurai dit, avec son escapade,
Le châtiment qui suit, et sa tragique mort
Après la téméraire et funeste escalade :
Un de ces jours passés, le démon le poussant,

Fit-il pas le projet de franchir la clôture,
Et de s'aventurer — c'était appétissant —
Parmi les fruits dorés et la récolte mûre ?
C'était un crime atroce et digne du trépas.
Le délit constaté, je portai la sentence,
Et décrétai qu'on ne lui pardonnerait pas,
Et que l'on serait sourd, quelle que soit l'instance
Maintenant, il n'est plus ! Je vous laisse à penser
Quel vide il a laissé parmi ses congénères,
Et moi-même, en songeant qu'il n'a fait que passer,
Je maudis le destin et ses lois sanguinaires.

23 Septembre 1908.

A mon Vieux Maître

En voyant cette année achever sa carrière
J'ai formé le projet, à coup sûr téméraire,
D'exprimer cette fois mes souhaits et mes vœux
   Dans la langue des dieux.
Que va dire Apollon, témoin de tant d'audace ?
Il rira sans nul doute au sommet du Parnasse,
Dans quelque hiatus, sans m'en apercevoir,
   Il me laissera choir
Peut-être offenserai-je hémistiche ou césure,
Risquerai-je peut-être une rime peu sûre.
De quelque catastrophe, ou grossier accident
   J'ai le pressentiment.

Qu'importe si le dieu, me tendant une embûche,
Et, voulant se venger, fait que mon pied trébuche,
Vous n'en aurez pas moins, de ce chef, constaté
    Ma bonne volonté.
Vous serez indulgent au poète novice...
Qu'à vous plaire surtout mon essai réussisse,
Et vous accueillerez mes vœux avec faveur,
    Car ils viennent du cœur.
Mais, saisissant la plume aux Muses familière,
Vour me ferez, je crains, cette réponse altière ;
Viens, dans mes bras, enfant, mais crois-moi, désormais,
    Ne rime plus jamais

       31 Décembre 1901

Au Même :

  L'an qui fuit, l'an qui vient !
  L'un meurt, l'autre va naître,
  Et le cœur se souvient
  Des amis, du vieux maître,

  Et c'est pour demander
  Au Dieu, qui s'est fait homme,
  De vouloir bien garder
  Ceux qu'en ce jour on nomme,

  Les garder très longtemps
  A tous ceux qui les aiment ;
  Au ciel, après le temps,
  Donner les biens suprêmes.

Hélas ! ceux qu'on aimait
Toujours ils s'éclaircissent,
Et chacun, en secret,
A bu bien des calices...

Seigneur, épargnez-nous !
Voyez notre faiblesse.
Nous sommes à genoux
Sous la croix qui nous blesse !

Nos cœurs vont se briser,
Nos yeux sont pleins de larmes,
Faut-il vous apaiser ?
Que nos pleurs vous désarment !

Le reste du chemin
Epargnez qui nous aime,
Car il nous faut leur main
Pour entrer au ciel même.

1er janvier 1912.

Au Même :

Au coin de l'âtre je sommeille,
Narguant l'hiver et les vents froids,
Quand tout-à-coup j'entends des voix...
C'est ma Muse qui se réveille.

En un langage de mystère
Elle me parle doucement
Et, dans sa voix, confusément,
J'entends.... je ne puis plus le taire,

J'entends des amis qu'elle nomme,
Des amis chers, bien précieux,
Présent le plus délicieux
Que Dieu jamais ait fait à l'homme.

« Mets-les dans tes vers, me dit-elle,
« En accents de feu chante-les !
« Rime pour eux d'ardents couplets,
« Compose une strophe immortelle ! »

— Mais comment, ô Muse exigeante,
Comment leur parler dignement ?
Soyez au moins mon truchement
Puisque vous voulez que je chante.

« Dis-leur que toujours on les aime,
« Ce simple mot, va ! te suffit,
« Pas n'est besoin de tant d'esprit,
« Lorsque le cœur parle lui-même.

C'est ce mot, docile poëte,
Si vous daignez m'autoriser,
Qu'à vos pieds je viens déposer,
Un point, c'est tout, ma tâche est faite.

Au Même :

Pour sa traduction en vers de l'Imitation de J.-C.
(en partie)

J'ai là, devant les yeux, fidèle traducteur,
L'ouvrage édifiant dont vous êtes l'auteur,
Et j'admire une fois de plus encor, cher Maître,
L'ingénieux talent que vous sûtes y mettre.

Ce patient labeur de vrai bénédictin
Aura, j'aime à le croire, une suite et sa fin.
C'est pour vous exprimer combien je le désire
Qu'aujourd'hui j'ai voulu simplement vous écrire,

Ajoutant toutefois les vœux de nouvel an
Que je forme pour vous d'un cœur reconnaissant.
Cher maître, agréez-les ; vous devez les attendre.
Je les adresse ainsi : Croix-Gente, par Montendre.

1er Janvier 1905.

A une fidèle

Vous qui parez si bien la maison du bon Dieu,
Et qui n'épargnez rien pour l'orner avec grâce,
Dans sa maison du Ciel qu'Il vous garde une place.
Voilà quel est mon vœu.

Cantiques (Temps de Guerre)

1. Autour de toi...

Air : *Vois à tes pieds...*

I

Autour de toi, Vierge Marie,
Vois tous tes enfants se ranger,
Les yeux en pleurs, l'âme meurtrie,
Ils t'invoquent dans le danger.

REFRAIN

Rassemblés dans ton sanctuaire,
Nous implorons la victoire et la paix,
Protège-nous tout le temps de la guerre,
Nous ne l'oublierons jamais ! non (4) jamais (3).

II

O toi, qui connus la souffrance,
Notre-Dame de Saint-Germain,
Jette un regard sur notre France,
Et daigne lui tendre la main.

III

Vois ses enfants dans la bataille,
Sublimes comme des héros,
Succombant face à la mitraille ;
Obtiens-leur l'éternel repos !

IV

Des blessés calme la souffrance,
Rends-leur au plus tôt la santé !
Aux envahis la délivrance !
Aux prisonniers la liberté !

V

Vois tant de mères douloureuses
Pleurant tout bas à leur foyer,
Flot de larmes sur leurs joues creuses
Que nous te prions d'essuyer.

VI

Les épouses, les sœurs, les frères,
T'aimant d'un amour immortel,
C'est en toi surtout qu'ils espèrent ;
Vois-les tremblants à ton autel !

VII

Et tant de pleurs, et tant d'angoisse,
Vierge si chère, apaise tout !
Fais aussi que la foi s'accroisse,
Et que Dieu soit loué partout !...

II. Pitié mon Dieu !

I

Pitié, mon Dieu ! vous êtes notre Père,
De vos enfants entendez les clameurs ;
Protégez-nous tout le temps de la guerre,
De nos soldats soutenez les ardeurs...

Refrain

Dieu de Clémence,
O Dieu vainqueur,
Sauvez (*bis*) la France,
Au nom du Sacré Cœur.

II

Pitié, mon Dieu ! sur le champ de bataille
Que nos guerriers soient partout les vainqueurs !
Contre l'obus, la balle et la mitraille,
Gardez intacts nos vaillants défenseurs !

III

Pitié, mon Dieu ! c'est pour notre patrie
Qu'ils sont tombés, *blessés* dans le sillon ;
A nos héros, dont la chair fut meurtrie,
Donnez, Seigneur, donnez la guérison !

IV

Pitié, mon Dieu ! nous vous nommons de même
Nos *prisonniers* dans leur captivité ;
Ramenez-les vivants à qui les aime,
Et rendez-leur bientôt la liberté !

V

Pitié, mon Dieu ! pour ceux qui, dans l'arène,
Ont *succombé* donnant leur noble sang ;
Auprès de Vous, auprès de notre Reine,
Dans votre ciel, placez-les, Dieu puissant !

VI

Pitié, mon Dieu ! si la France est coupable,
Considérez son présent repentir ;
Jetez sur elle un regard favorable.
Dans le péril veuillez la secourir !

III. Nous vous prions...

Air : *Salve, mater misericordia*

Refrain

Nous vous prions, Vierge, du haut des cieux,
Plus que jamais, daignez jeter les yeux
Sur vos enfants, nos soldats glorieux,
Dans les dangers des assauts furieux,

O Maria !

I

Sans défaillance, avec sérénité,
Pour la patrie et pour la liberté,
Ils ont souffert, et souffert et lutté ;
Soutenez-les, ô Mère de bonté,

Dolorosa !

II

N'oubliez pas, ô Mère de douleurs,
L'anxiété, les constantes frayeurs
Des êtres chers qui, tremblant pour les leurs,
A vos autels s'agenouillent en pleurs,

Lacrymosa !

III

Et, s'ils devaient ne plus jamais les voir
Venir, hélas ! à leur foyer s'asseoir,
Faites du moins, qu'ils conservent l'espoir
D'aller un jour, dans le ciel, les revoir,
Gloriosa !

VI. Jésus, nous voici

I.　　Jésus (*bis*) nous voici devant vous
　　　Pour implorer (*bis*) votre clémence,
　　　Pour l'implorer (*bis*) sur notre France

2.　　Jésus (*bis*) protégez nos soldats !
　　　Préservez-les (*bis*) dans la bataille,
　　　Préservez-les (*bis*) sous la mitraille.

3.　　Jésus, voyez les yeux en pleurs
　　　Des orphelins — dures épreuves ! —
　　　Des orphelins, mères et veuves.

4.　　Jésus, entendez notre voix,
　　　Elle est brisée en la tourmente,
　　　Elle est brisée et suppliante.

5.　　Jésus, nous sommes à genoux !
　　　Considérez moins les impies,
　　　Considérez ceux qui vous prient.

Air connu : *Jésus, doux et humble.*

V. Pour la Victoire

Air : *Vois à tes pieds.*

I

A ton autel, Vierge Marie,
Vois tes enfants reconnaissants
T'offrir, au nom de la Patrie,
Leurs pieux hommages, leurs chants.

Refrain :

Rassemblés dans ton sanctuaire,
Nous célébrons la victoire et la paix ;
Ton assistance, ô bonne et tendre Mère,
Nous ne l'oublierons jamais.

2.

Sur notre cher pays de France
Un vent joyeux souffle aujourd'hui ;
Annonçant notre délivrance,
Le soleil de victoire a lui.

3.

Captifs ou soldats de la guerre,
A ceux qui restent en ce jour,
Veuille donner, ô Vierge Mère,
Au plus tôt un heureux retour !

4.

Louange à toi, Vierge Marie,
Gloire en tout temps, gloire en tout lieu !
Ceux qui sont morts pour la patrie
Cache-les dans le sein de Dieu !!...

11 Novembre 1918.

Pour la Rentrée
d'un Prisonnier

Tant que dura la terrible tourmente
Dont nous avons souffert cruellement
A ce foyer monta l'angoisse ardente ;
Plus d'une fois j'en fus le confident.

Mais aujourd'hui la victoire est venue.
Après 4 ans de combat âpre et dur
Le gai soleil a déchiré la nue.
Passé l'orage, on découvre l'azur...

Le Boche a fui ! des geôles allemandes
S'ouvre à la fin l'invraisemblable enfer.
Nos prisonniers, il faut qu'ils nous les rendent,
Ils ont hélas ! assez et trop souffert !.

Nous les voyons pâlis ces fils de France ;
La faim, la soif, ils ont tout enduré,
Gardant au cœur l'invincible espérance....
Mais maintenant, c'est bien assez pleuré.

Plus de tourments ! oublions cette guerre,
Et ne pensons qu'au bonheur de ce jour...
Cher prisonnier, je lève ici mon verre,
En votre honneur, à votre heureux retour !

Saulcet, 2 janvier 1919.

Il faut partir !

Clôture du mois de Marie

(air connu)

———

1. Il faut partir ! adieu, mois de Marie !
N'est-il donc plus de fleurs à travers la prairie ?
Il faut partir, adieu mois de Marie !
Je garde dans mon cœur la fleur du souvenir.

Refrain : Encore une prière,
En quittant le saint lieu ;
Plutôt que t'oublier s'éclipse la lumière.
Mois de Marie, adieu (*bis*)

2. Il faut partir, ta dernière heure sonne ;
Laisse nous te tresser encore une couronne,
Il faut partir, ta dernière heure sonne,
Mais nous voulons toujours t'honorer, te servir.

3. Il faut partir, tout finit sur la terre,
Comme la tendre fleur, ou la vapeur légère,
Il faut partir, tout finit sur la terre ;
Mais notre amour pour toi n'est pas près de finir.

A Marraine

Quelle charmante lettre,
M'apporta le facteur !
J'ai senti tout mon être
Tressaillir de bonheur.

Elle arrivait en gare
Ici, le trois courant ;
On l'avait, à Briare,
Mise deux jours avant.

Avec quelle allégresse
J'ouvre le charmant pli !
De bonheur et d'ivresse
J'avais le cœur rempli...

Je la saisis, l'emporte,
Puis la mets sur mon cœur,
Comme si, par la porte,
Arrivait un voleur.

Et, pendant la journée,
Je la sortais, parfois.
Dieu, l'ai-je retournée !
Lue au moins mille fois...

Je sais, tout me l'assure,
Vous m'aimez tendrement ;
Mais, je vous en conjure,
Dites-le fréquemment.

12 janvier 1890.

Les Grands Oiseaux

Air connu

————

1. J'ai vu sortir les grands Oiseaux,
    Qui s'en allaient d'une aile altière
    Dans l'azur et dans la lumière.
    J'ai vu sortir les grands oiseaux,
    Et, à travers les hauts espaces,
    Notre œil inquiet, mais fier pourtant,
    — De crainte aussi le cœur battant —
    Suivait leurs glorieuses traces.

2. J'ai vu tomber un grand oiseau
    Planant naguère dans la nue,
    Dont l'aile, hélas ! est descendue.
    J'ai vu tomber un grand oiseau.
    C'était le trépas dans la gloire,
    L'effondrement des trois couleurs ;
    Mais c'est toujours dans les douleurs
    Que l'on voit germer la victoire. —

3. Il faut aimer les grands oiseaux
    Qui vont par-dessus les nuages,
    Dans la tempête et les orages..
    Il faut aimer les grands oiseaux.
    En eux mettons notre espérance,
    Et, pour l'honneur de nos drapeaux,
    Cette phalange de héros
    Que Dieu la garde à notre France !

Parodie

*Air : **Viens, belle nuit...***

Viens, belle pluie, arroser nos salades !
Viens ranimer carottes et poireaux !
Sans ta rosée ils sont bien, bien malades ;
Nous n'aurons plus que de maigres ragots..
Mets, belle pluie, un terme à nos alarmes !
Protège enfin les choux, les haricots !
Oh! tombe donc ! je t'en prie avec larmes,
Tombe toujours, tombe à torrents, à flots !

Quand tu parais, d'aise chacun se pâme ;
Tu réjouis tous les cœurs d'artichauts,
Et les navets, la joie au fond de l'âme,
Pour te bénir, lèvent leurs fronts bien hauts.
O bienfaitrice, ouvre ta cataracte !
Réponds, réponds aux vœux de mon jardin...
Tu lui souris, c'est bien : il en prend acte,
Et, de bonheur, te cache dans son sein.

Nostalgie

Aux Godets, quand la nuit s'avance,
Sollicitant Jacque à dormir,
Il paraît que dans le silence,
On entend les grands pins gémir.

Ils se parlent, sous la ramure,
Un langage mystérieux ;
L'on ne perçoit que leur murmure
Dans le calme profond des cieux.

Et ce murmure est une plainte,
Un cri de détresse et d'ennui,
Comme une traînante complainte
Se répercutant dans la nuit.

La longue absence de leurs maîtres
Les fait ainsi se désoler,
A Jacque ils l'ont dit aux fenêtres,
Mais il n'a pu les consoler,

Ni lui, ni Jean, ni Madeleine...
Pendant qu'ils seront à dormir,
Je crois qu'encore une semaine
On entendra les pins gémir.

Janvier 1896

La Fête du Doyen

Pourquoi ce concours empressé
Autour du doyen de Chantelle ?
Et ce couvert si bien dressé,
Et ces cristaux, cette vaisselle ?

Pourquoi tous ces mets savoureux
Dont le fumet à nos narines,
Comme un nuage vaporeux
Monte des plats et des terrines ?

A nos regards, partout des fleurs,
Des lys, des œillets et des roses,
Toute la gamme des couleurs,
Les blancs, les bleus, rouges et roses..

C'est un réel enchantement.
Tout le monde aujourd'hui s'agite,
Pourquoi ? mais que pertinemment
On me le dise, et tout de suite.

A vous ! à vous, de la maison,
Qu'on le dise ! est-ce assez folâtre !
Ne voyez-vous pas à l'horizon
Se lever l'aube du vingt-quatre ?

Et le vingt-quatre est, tous les ans,
La fête de St-Jean-Baptiste
De l'amphytrion de céans
Le patron, qui toujours l'assiste !

Eh bien ! profitons aujourd'hui
Que l'invitation est faite,
Et, tous ensemble, disons-lui :
Bonne, sainte et heureuse fête !

23 Juin 1920.

Réunion de Cours

Rassemblement de cours : la classe !
Une classe ancienne, un peu lasse ;
Mais il tient quand même, et toujours,
A part quelques deuils, le grand cours.

Durant l'affreuse et longue guerre
Il n'eut, c'est vrai, nul militaire,
Ce qui n'empêche, et qu'au surplus,
Nous avons aussi des poilus.

Selon d'invariables règles,
On le nommait « le cours des aigles »
Ce pronostic si prometteur,
En somme, a-t-il été menteur ?

Vous en voyez un, dans son aire (1)
Aux bords escarpés de l'Isère,
Et dont la figure grandit
De jour en jour, est-ce assez dit ?

Un autre, agréable au Saint-Père,
Après un fécond ministère,
Prit sa retraite avec honneur,
Et nous l'appelons « Monseigneur »

Puis, par des compliments idoines
Vanterai-je assez nos chanoines ?
De notre corps présentement
Ils sont le plus bel ornement.

Nombreux, dit un esprit morose,
Mais les peser, c'est autre chose :
Dans la balance où je les mis
J'y trouve d'illustres amis.

Enfin, salut à vous, mes frères,
Chers doyens, vénérés confrères !
Moi, mis à part, qui ne suis rien,
Puis-je vous louer assez bien ?

Et louer mêmement les autres,
Ces chers curés aux cœurs d'apôtres ?
Puisse l'estime où je les tiens
Leur mériter d'être doyens !

27 Juillet 1926.

(1) Mgr Caillot.

Le Roi de la Fève

à la maison de retraite

Le moment est venu de descendre du trône ;
Mais il convient qu'avant de quitter la couronne
En un règne éphémère hélas ! paradoxal,
J'adresse à mes sujets un message royal :

" Salut à vous, d'abord, pasteur de la paroisse
Où je souhaite que la foi grandisse et croisse,
Et qu'abondante soit la moisson dans le champ
Où s'exerce acharné votre zèle touchant ?

Longue vie et salut à notre doyen d'âge
Dont les ans ne pourront abattre le courage,
Et qui peut escompter (s'il plaît à Dieu, toujours)
Un cortège inouï d'interminables jours !

De par le droit divin, de notre bienveillance
Et de notre faveur nous donnons l'assuranec
Au doyen émérite, au distingué Tistou
Dont le savoir est tel qu'on peut dire : Il sait tout !

Entre tous mes sujets, pas à la cote basse,
Mais haut dans ma faveur, et en première place,
Je salue aussi bien Monsieur l'abbé B...don
En tous points excellent, intelligent et bon.

Mes meilleurs compliments à ce sujet d'élite
Courbé sous le poids lourd de l'âge ‚et du mérite
Le vétéran aimé, le bon Monsieur P...ny
Que nous entourons tous d'un respect infini...

Saurai-je maintenant. en une phrase idoine,
Complimenter assez notre illustre chanoine ?
Il ne lui manque, au vrai, que mitre sur le front ;
Il l'avait, si mon règne avait été plus long.

Il est un autre encor de mes sujets que j'aime,
Indulgent pour autrui, mais non pas pour lui-même,
Secourable au prochain, n'ayant pas d'ennemi,
Apprécié de tous, c'est-à-dire Lamy.

Salut enfin ! bonheur, bonheur et longue vie,
Eloignement des maux et santé raffermie
A Monsieur T...eau, notre cher Benjamin,
Au non moins cher abbé, ce docte Eliacin.

Quant à nos bonnes sœurs, phalange dévouée,
Qui ne peut être ici jamais assez louée,
Et dont le sacrifice est l'âme et le bonheur,
Toutes, je les inscris dans ma Légion d'honneur.

Ayant dûment offert mon hommage à la Reine,
La toute bonne, aimable et blanche souveraine,
A mes féaux sujets, salut ! " En foi de quoi
Par la grâce de Dieu, j'ai signé : Moi, le Roi !

8 Janvier 1928.

En Retraite

Le silence et la paix habitent cette enceinte,
Où l'air circule pur, où la vie est plus sainte,
Heureuse solitude, où règne la ferveur,
Que ne trouble aucun bruit que la voix du Seigneur !

On y médite à l'aise ; on s'y parfume l'âme ;
On y brûle à l'envi d'une pieuse flamme.
La vision du ciel apparaît à notre œil,
Et les vains bruits du monde expirent à son seuil...

Dans le recueillement, le calme et la prière,
Pendant ces jours bénis, chacun y persévère ;
Nul doute, on y perçoit des bruits mystérieux,
Comme ferait le vol d'Anges venus des cieux.

Pour le démon d'envie il n'est fait nulle place ;
La douce charité nous unit, nous enlace,
Et l'on éprouve bien que, dans cette maison,
Il fait bon, ô mon Dieu, de vivre à l'unisson....

On voudrait demeurer dans ces lieux si paisibles
Avec, pour compagnons, les Anges invisibles,
Quand le devoir austère est de partir ailleurs,
Regrettant le présent, mais devenus meilleurs
Pour soutenir la lutte et braver la bataille,
Sans que le bras faiblisse, ou que le cœur tressaille...

Allocution Funèbre

Avant de conduire à sa dernière demeure la dépouille mortelle de Monsieur V. L., président de mon conseil paroissial, je veux exprimer publiquement la douleur que je ressens de sa disparition et en même temps mon regret de ne l'avoir connu que si peu de temps. Je l'ai assez connu cependant pour savoir que c'était une âme de qualité ; j'aurais voulu que toute ma paroisse fût présente à ce lit d'agonie pour voir comment meurt un chrétien ! Confident de ses derniers aveux et de ses pensées suprêmes, je tiens à dire quel grand cœur battait dans cette poitrine. Avec quel courage il supporta la souffrance, avec quelle force d'âme il accueillit, malgré les déchirements inévitables, la mort, cette redoutable visiteuse, je viens en témoigner ici, et adresser en même temps à sa veuve éplorée, à toute sa famille en larmes, l'hommage de ma douloureuse sympathie et de mes condoléances les plus affectueuses.

Et maintenant, dormez en paix, cher et grand chrétien, à l'ombre de cette croix que vous pressiez si ardemment sur vos lèvres au moment des derniers sacrements !

Dormez en paix jusqu'au jour de la résurrection générale !

Que les **Saints Anges** vous introduisent au plus tôt dans ce Paradis **que vous avez** mérité par toute une vie d'honneur, de probité et de devoir religieux simplement et fidèlement accompli :

Beati mortui qui in D^{mo} moriuntur !

27 Juin 1924.

Te Deum de la Victoire

Lundi, date historique, date inoubliable à jamais, 11 Novembre 1918, date de fierté nationale et de joie publique !

Vous avez entendu nos cloches sonner la victoire à toutes volées, victoire depuis si longtemps attendue !

Ce n'était plus le tocsin sinistre d'il y a 4 **ans** passés, mais les accents du triomphe et de l'allégresse qui faisait bondir nos cœurs dans nos poitrines...

Malheureusement, il y a des ombres au tableau, les ombres que font les voiles de deuil des mères, **et** des veuves qui ne reverront plus les aimés...

On ne pouvait s'empêcher de songer à elles dans cette minute d'enivrante allégresse, en entendant la sonnerie de la victoire et de la délivrance..

Qu'elles sachent bien toutefois que nous sommes avec elles d'un cœur reconnaissant, et que nous nous inclinons très bas devant leur douleur inconsolable, comme nous nous inclinons pieusement devant la tombe des héros qui **nous ont valu,** par le sacrifice de leur vie, cette journée inoubliable. Gloire à elles ! gloire à eux ! Leur souvenir vivra à jamais dans nos cœurs.

Gloire aux chefs de nos armées, ces chefs incomparables, qui par leur bravoure et leur savoir, ont fait luire sur la patrie le grand, le radieux soleil de la victoire !

Gloire à nos vaillants soldats ! on les a vus, nos héros invincibles, on les a vus partout, sous le vent, sous la pluie, endurant la faim, la soif, la chaleur et les frimas, dans l'isolement, dans la mêlée, là où l'on court, où l'on crie, là où l'on tue, où l'on meurt.

Entre les plus beaux noms leur nom est le plus beau

Gloire à nos généreux, à nos valeureux alliés, qui ont enduré pour la même cause, les mêmes souffrances, qui ont arrosé de leur sang fraternel les sillons d'une patrie qui leur restera d'autant plus chère, et qui ont moissonné avec nous les mêmes lauriers ! Gloire à eux !

Et gloire enfin à Dieu, *Te Deum laudamus* ! qui a voulu le triomphe de la fille aînée de son Eglise sur un peuple en majorité hérétique et barbare par surcroît. Les prières n'ont pas été vaines qui sont montées si ardentes vers son trône, ni vains les sacrifices méritoires, les expiations de tant d'âmes ignorées. Il a enfin daigné nous exaucer.

Qu'Il soit glorifié ! Qu'il soit béni
dans les siècles des siècles !..
Ainsi-soit-il !

TABLE DES MATIÈRES

www.ingramcontent.com/pod-product-compliance
Ingram Content Group UK Ltd.
Pitfield, Milton Keynes, MK11 3LW, UK
UKHW020046100726
13658UKWH00004B/1579